Mi mundo y la ciencia: Nive

Los cinco sentidos

Christian Lopetz
Traducción de
Sophia Barba-Heredia

Un libro de El Semillero de Crabtree

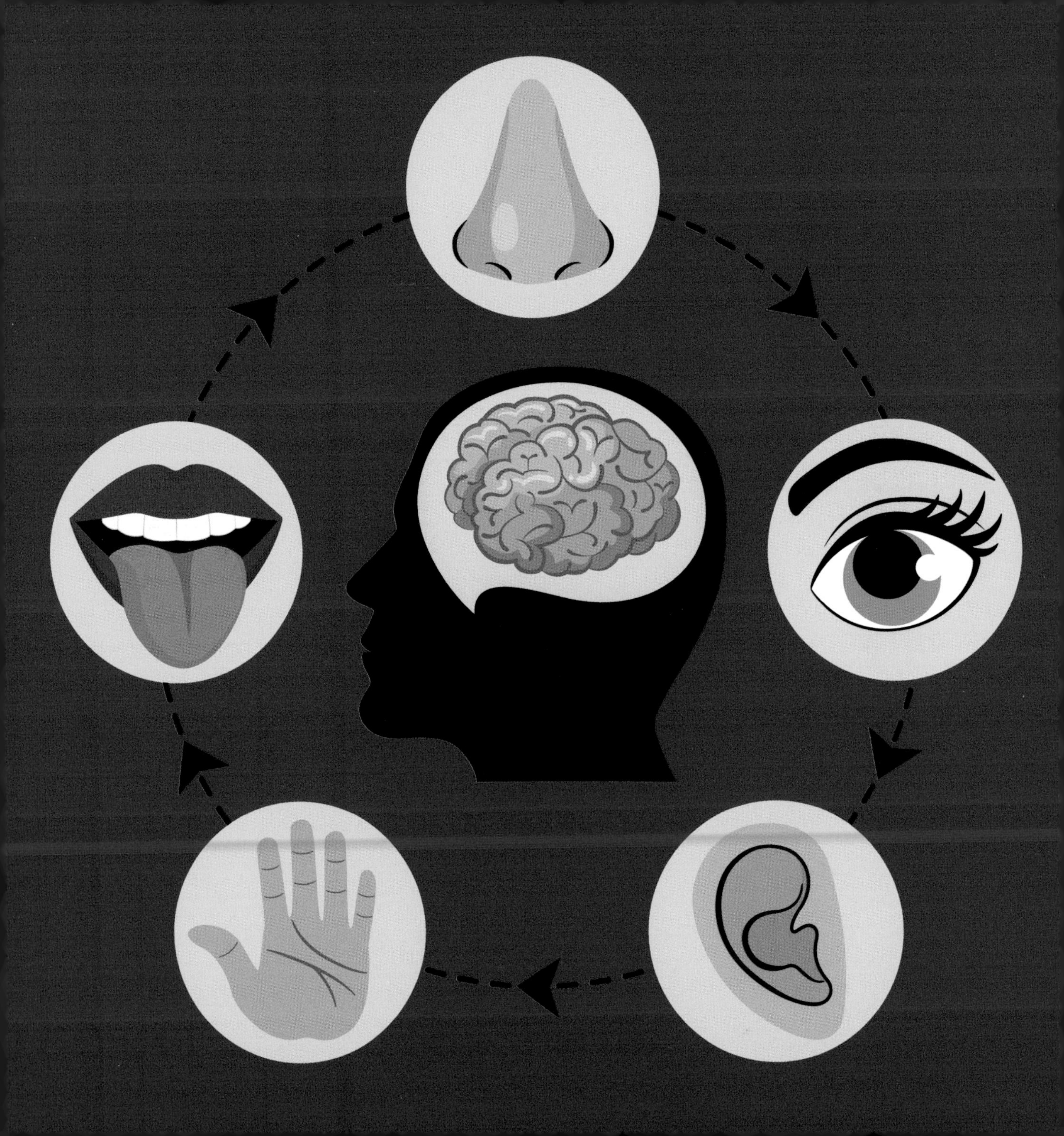

Índice

Los cinco sentidos.................................4
Vista...6
Oído..10
Olfato..15
Gusto...18
Tacto...21
Glosario..23
Índice analítico......................................23

Los cinco sentidos

Tenemos cinco **sentidos**: vista, oído, olfato, gusto y tacto.

Nuestros sentidos nos ayudan a disfrutar del mundo que nos rodea.

Vista

¡Usamos los ojos para ver!

El punto negro en medio del ojo se llama **pupila**.

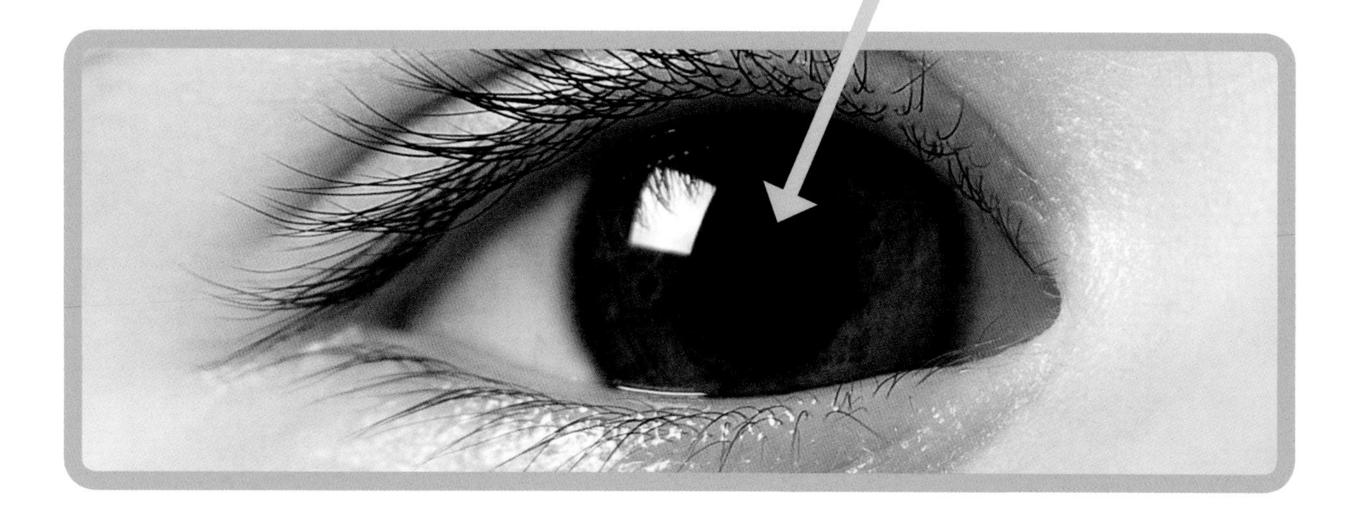

La pupila deja pasar la luz para que puedas ver.

A veces usamos la vista para divertirnos, ¡como al leer un libro o al jugar videojuegos!

Otras veces usamos la vista para mantenernos seguros.

Oído

Escuchamos con
los oídos.

Dentro del oído
tenemos un **tímpano**.

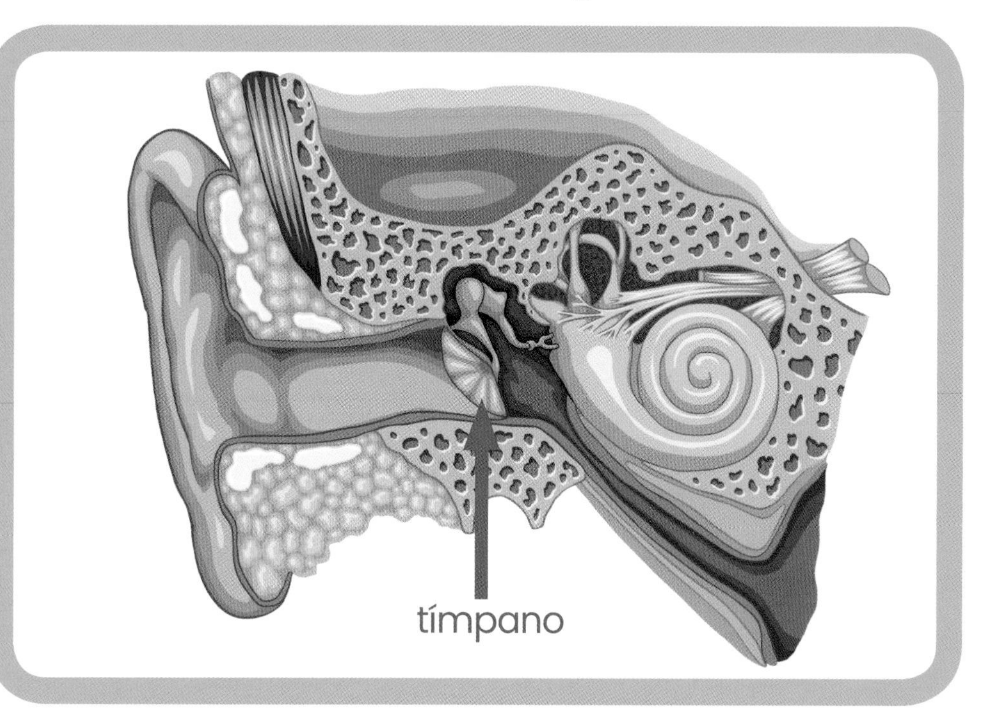

Las **vibraciones** rebotan en el tímpano y escuchamos los sonidos.

Usamos el oído para disfrutar la música o escuchar al profesor.

Olfato

Usamos la nariz para oler.

¿Sabías que los niños pueden oler las cosas mejor que los adultos? Conforme creces, tu sentido del olfato se debilita.

Podemos usar la nariz para oler las flores.

Podemos usar la nariz para oler el humo en caso de un incendio.

Gusto

Saboreamos con la lengua.

La lengua tiene **papilas gustativas**.

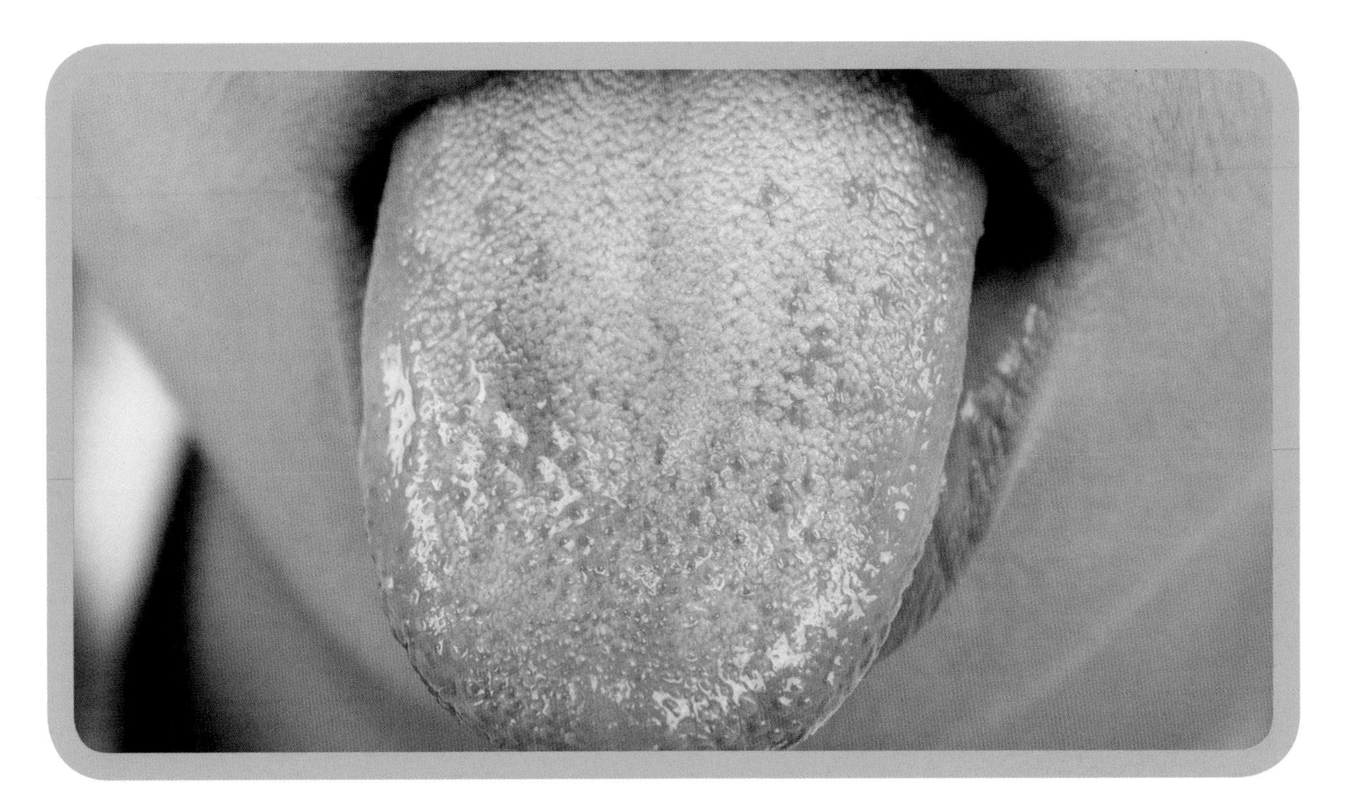

Las papilas gustativas nos dicen si algo es ácido, amargo, dulce o salado.

Usamos las palabras ácido, dulce, amargo y salado para describir cómo sabe algo.

Tacto

La piel nos da el sentido del tacto.

Tenemos pequeños **nervios** en la piel. Estos nervios nos permiten sentir dolor.

Estos nervios pueden decirnos si algo está muy caliente.

¡Necesitamos los sentidos para mantenernos seguros y disfrutar el mundo que nos rodea!

GLOSARIO

nervios: Fibras delgadas que llevan mensajes entre tu cerebro y el resto de tu cuerpo.

papilas gustativas: Pequeños sensores que tienes en la lengua y que permiten que saborees tu comida.

pupila: El punto negro en el centro de tu ojo que deja pasar la luz y permite que veas.

sentidos: Nuestra habilidad para ver, escuchar, saborear, tocar y oler cosas.

tímpano: Una membrana entre el oído externo y el oído medio que vibra cuando es alcanzada por el sonido.

vibraciones: Movimientos muy rápidos de ida y vuelta.

ÍNDICE ANALÍTICO

gusto/gustativas: 4, 18, 19
nervios: 22
oído: 4, 10–12
oler(fato): 4, 15–17
pupila: 7
sentir/tacto: 4, 21, 22
tímpano: 11
ver/vista: 4, 6–9

Apoyos de la escuela a los hogares para cuidadores y maestros

Este libro ayuda a los niños en su desarrollo al permitirles practicar la lectura. Abajo están algunas preguntas guía para ayudar al lector a fortalecer sus habilidades de comprensión. En rojo hay algunas opciones de respuesta.

Antes de leer:

- **¿De qué pienso que tratará este libro?** *Pienso que este libro es sobre nuestros cinco sentidos. Pienso que este libro es sobre oler las flores.*
- **¿Qué quiero aprender sobre este tema?** *Quiero aprender más sobre mis ojos y oídos. Quiero aprender cómo mis sentidos me mantienen seguro.*

Durante la lectura:

- **Me pregunto por qué...** *Me pregunto por qué la pupila de un ojo es tan pequeña. Me pregunto por qué el tímpano está tan adentro de mi oído.*
- **¿Qué he aprendido hasta ahora?** *Aprendí que la pupila del ojo deja entrar la luz para que yo pueda ver. Aprendí que hay pequeños sensores en mi lengua que me permiten saborear la comida.*

Después de leer:

- **¿Qué detalles aprendí de este tema?** *Aprendí que tenemos cinco sentidos que nos hacen posible ver, oír, saborear, tocar y oler cosas. Aprendí que los nervios son fibras delgadas que llevan mensajes entre nuestro cerebro y el resto del cuerpo.*
- **Lee el libro de nuevo y busca las palabras del glosario.** *Veo la palabra **tímpano** en la página 11 y las palabras **papilas gustativas** en la página 19. Las demás palabras del vocabulario están en la página 23.*

Library and Archives Canada Cataloguing in Publication
Title: Los cinco sentidos / Christian Lopetz ; traducción de Sophia Barba-Heredia.
Other titles: Our five senses. Spanish
Names: Lopetz, Christian, author. | Barba-Heredia, Sophia, translator.
Description: Series statement: Mi mundo y la ciencia: Nivel 1 | Translation of: Our five senses. | Includes index. | "Un libro de el semillero de Crabtree". | Text in Spanish.
Identifiers: Canadiana (print) 20210261129 | Canadiana (ebook) 20210261137 | ISBN 9781039620346 (hardcover) | ISBN 9781039620414 (softcover) | ISBN 9781039620483 (HTML) | ISBN 9781039620551 (EPUB) | ISBN 9781039620629 (read-along ebook)
Subjects: LCSH: Senses and sensation—Juvenile literature.
Classification: LCC QP434 .L6618 2022 | DDC j573.8/7—dc23

Library of Congress Cataloging-in-Publication Data
Names: Lopetz, Christian, author. | Barba-Heredia, Sophia, translator.
Title: Los cinco sentidos / Christian Lopetz ; traducción de Sophia Barba-Heredia.
Other titles: Our five senses. Spanish
Description: New York, NY : Crabtree Publishing Compnay, [2022] | Series: Mi mundo y la ciencia: nivel 1 - un libro el semillero de Crabtree | Includes index.
Identifiers: LCCN 2021031707 (print) | LCCN 2021031708 (ebook) | ISBN 9781039620346 (hardcover) | ISBN 9781039620414 (paperback) | ISBN 9781039620483 (ebook) | ISBN 9781039620551 (epub) | ISBN 9781039620629
Subjects: LCSH: Senses and sensation--Juvenile literature.
Classification: LCC QP434 .L6718 2022 (print) | LCC QP434 (ebook) | DDC 612.8--dc23
LC record available at https://lccn.loc.gov/2021031707
LC ebook record available at https://lccn.loc.gov/2021031708

Crabtree Publishing Company
www.crabtreebooks.com 1–800–387–7650

Published in the United States
Crabtree Publishing
347 Fifth Ave.
Suite 1402-145
New York, NY 10016

Published in Canada
Crabtree Publishing
616 Welland Ave.
St. Catharines, Ontario
L2M 5V6

Written by Christian Lopetz
Translation to Spanish: Sophia Barba-Heredia
Spanish-language layout and proofread: Base Tres
Print coordinator: Katherine Berti
Printed in the U.S.A./092021/CG20210616

Print book version produced jointly with Blue Door Education in 2022

Photo credits: Cover © zhuda. Title: shutterstock.com/Hut Hanna. Page 4/5 © Dmitry Naumov, dainis, Arvind Balaraman, Anna Sedneva, zhuda. Page 6/7 © grublee, Yuliyan Velchev. Page 8/9 © Sean Prior, Sandra Gligorijevic. Page 10/11 © Masza$, Page 12/13 © Gelpi, Rob Marmion. Page 14 © Gelpi. Page 16/17 © Mark Payne, Vilant. Page 18/19 © Artur Gabrysiak, Arnold Reinhold. Page 20 © Sander Crombeen, Korovin Vitaly Anatolevich, Jaroslaw Grudzinski, Kenishirotie, page 21 © Xidong Luo, page 22 © Noam Armonn. All images from Shutterstock.com